글 채인선

남한강이 흐르는 충주의 한적한 시골에 정착해 사과나무를 키우며 살고 있습니다.
그동안 그림책, 동화책을 포함해 모두 60여 권의 책을 썼으며 교과서에 실린 작품으로는 《가족의 가족을 뭐라고 부르지?》
《내 짝꿍 최영대》《손 큰 할머니의 만두 만들기》《아름다운 가치 사전》《나는 나의 주인》《원숭이 오누이》 등이 있습니다.
자택에 한국그림책 다락방 도서관을 열어 일요일마다 개방하고, 도서관에 오는 아이들이 맘껏 뛰어놀 수 있도록
'채인선의 이야기 정원'을 아름답게 가꾸고 있습니다.
블로그 '채인선의 이야기 정원' http://blog.naver.com/arrige_8649

그림 서평화

그림을 그릴 때 가장 평화롭습니다. 제가 느낀 이 따스한 마음들이 위로가 필요한 분들께 온전히 전달되기를 바랍니다.
쓰고 그린 책으로는 《저는 종이인형입니다》《더 포스터 북 by 서평화》가 있으며, 그린 책으로는 〈어린이 궁궐 탐험대〉 시리즈,
《무리하지 않는 선에서》《넌 아름다워》《작고 귀여운 펠트 브로치》《바다 레시피》 등이 있습니다.

따라 쓰는 산다는 건 뭘까?

2025년 4월 4일 초판 1쇄 발행

글 채인선 | **그림** 서평화
기획·편집 윤경란, 박세희 | **디자인** 이민영 | **마케팅·관리** 정윤지, 김민경 | **제작** 임진규, 김병철
펴낸이 조덕현 | **펴낸곳** (주)미세기 | **출판등록** 1994년 7월 7일 제21-623호
주소 서울시 강남구 논현로 164 유니북스빌딩 | **전화** 02-560-0900 | **팩스** 02-560-0901
전자우편 miseghy1@miseghy.com | **홈페이지** www.miseghy.com

ⓒ 채인선, 서평화 2025
ISBN 978-89-8071-588-6 74800

· 잘못 만들어진 책은 구입처에서 바꿔 드립니다.
· 어린이제품 안전특별법에 의한 표시사항
  제품명 도서 | 제조사명 (주)미세기 | 제조국명 대한민국 | 사용 연령 7세 이상

따라 쓰는
산다는 건 뭘까?

채인선 글 · 서평화 그림

미세기

따라 쓰기 순서

❶ 엉덩이를 의자에 붙인다.
❷ 책을 펼친다.
❸ 연필을 쥔다.
❹ 글자를 읽는다.
❺ 쓴다.
❻ 끝!

따라 쓰기 효과

❶ 집중력을 높인다.
❷ 낱말, 어휘, 문장을 익힌다.
❸ 의미를 되새긴다.
❹ 질문을 만들어 낸다.
❺ 생각하는 힘을 키운다.
❻ 글씨체가 예뻐진다.

키워드 ☐ 집중력 ☐ 어휘력 ☐ 질문력 ☐ 사고력 ☐ 예쁜 글씨!

값 12,500원